초록을 만나다

초록을 만나다

— 문학愛 두 번째 동인지 —

책나무

| 머리말에 |

무더운 날씨에 귀체 건안하심을 경하합니다. 초록 물결이 산하를 채우던 날 『누구에게나 처음은 있다』를 마음 설렘으로 시작하여 문학愛 『바람이 분다』를 간행했고 이어 제2집 『초록을 만나다』를 발간하게 되었습니다.

SNS상 카카오스토리 채널 문학愛 『바람이 분다』를 통해 문학을 향한 하나 된 염원이 푸른 나무들로 울창한 숲을 이루어 빛 그늘이 되어줌은 물론 때로는 정화하여 아름답고 만족하는 삶에 다 같이 동행하는 모임이 되었으면 합니다. 이를 위해 우리 동인 모두는 몸과 마음이 오로지 하나가 되어 혼신의 노력을 다할 것을 다짐합니다.

많이 부족한 저희들을 격려해 주시고 아낌없는 성원과 격려를 해주심은 물론 훌륭한 작품까지 보내주신 초대시인님들께 삼가 머리 숙여 감사의 말씀을 올립니다.

2015년 7월

최은순 드림

초대시인

약력

| 목차 |

초대시인

강욱규 · 강진규 · 김전 · 김종웅 · 김홍님

선중관 · 신영학 · 이기철 · 한문석 · 홍대복

천사의 합창

낙동강 스쳐 온 소리
피뢰침에 앉아 지저귄다.

겨울 흙에 묻은 봄 오는 기운 담고
풀잎의 솟는 힘 걷어 올려

구름의 문이 닫히기 전
수많은 비의 언어들 담아
이곳으로 왔으리라.

공원이 조용히 떠들썩한 것도
사철나무가 덮어놓은 신비를 깨고
새가 노래하는 것이라는 걸

아침부터 흐린 하늘을 지워내고
공원은 맑기만 하다.

화창하다.
커피 한 잔 가슴 열고 넣으며
그들의 합창에 마음이 웃는다.

희망

올해도 나뭇가지에서 잎이 떨어지는 모습을 본다
해마다 가을이 오면 나무들은
자신의 나무에서 잎을 떨군다
나무들은 제 생각 주머니 속을 펼치고
자신의 기억 속에서 지워버리고 싶은 것들을
생각하고 생각하다 낙엽으로 죄다 떨구어 버린다
이내 겨울을 맞고 다시 새봄을 위한
기다림의 열매 맺기 위한 시간을 재촉하며
미련 없이 자신의 잎들을 펄펄 날린다
녹슨 마음에 헐그러운 생각
헐그러운 생각에 비린 마음까지
죄다 떨구는 저 나무들을 본다
하늘은 푸르디 푸르고 잎이 떨어지는
저 나무들의 조용한 향연 속에 나도 젖어들고 싶다
해마다 이내 가을은 가고
내 마음에도 지루한 겨울이 가고 나면
새봄은 돌아와 잠시 떠났던 잎새들 새로 돋아나듯이
내 마음에도 잎새 다시 푸르기를 기다리리라

거미

허공에다 몸을 던져 혈서를 쓰고 있다.
내 한 몸 가두어서 스스로 눈을 감고
죽은 듯 꿇어 엎드려 동안거에 들었다.

내 덫에 내가 걸려 갈대처럼 흔들린다
구름 따라 흐르는 길 가도 가도 끝없는 길
내 몸에 거미줄 치며 구원의 길 들어선다.

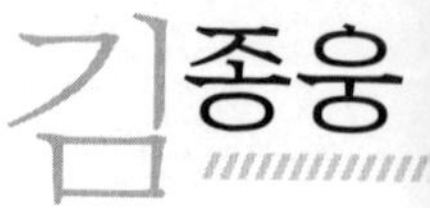

족욕을 하다

따끈한 물속에 길이 녹는다
울퉁불퉁
걸어온 전라가
뿌리째로 지끈지끈 녹는다
가끔은 엄살처럼
통증을 앓고 싶은 날도
더러 있었다
맹한 물같이
한 자락 마음을 비워
길을 펴고 싶은 날도 허다히 있었다
저물어 가는 아쉬움에 혀를 차는
쉬이 누일 수 없는 하루
모로 가던 길
내가 나를 누일 수 있는
유일의
삶의 통증이 맹한 물속에 녹아나는
이 안락함
물 한 대야가 바다로 출렁여
길을 지우는

김흥님

아궁이

어머니의 어머니가 그랬듯이
내 어머니의 아궁이는
늘 가난하기만 하였습니다
허기진 가난을
태우고 또 태워도
가슴은 늘 얼음장 냉골이었습니다
보릿고개에 세상이 다 굶어도
내 자식새끼들은
굶기지 않으리라던 가없는 사랑
그 아궁이 불씨
날마다 야위어 사그라지는데

내 어머니 걸어오신
그 길 밟아 걷노라면
진달래 붉은 물들임
각혈 되어 토해내는
상흔의 흔적뿐입니다
고향 뒷동산에
참꽃 흐드러져 피어나
우리 어매 눈물로 얼룩질 봄날이여

중년 여인

중년 여인은 숲으로 난 오솔길과 같습니다
말끔하게 다듬어진 길은 아니어도
가까이하면 할수록 빠져드는
피톤치드 향 가득한 숲길입니다
그 길은 한 번 들어가면 나오고 싶지 않은
사색의 길이며 감성의 길입니다
온갖 들꽃이 만개하여 여운이 짙은
고요한 삶의 뒤안길 같은 여인입니다

중년 여인은 향기 짙은 가을꽃과 같습니다
벚꽃이나 목련처럼 화사한 꽃은 아니어도
보면 볼수록 청결하고 기품 있는
국화 향기 그윽한 가을꽃입니다
가을꽃은 한 해의 끝자락 짧은 햇살을 받으며
알차게 꽃을 피우기에 중후하고 우아합니다
함부로 다가갈 수도 없지만
지성과 배려의 포용력을 갖춘 여인입니다

중년 여인은 아름다움 그 자체입니다
중년 여인의 원숙미는 꽃보다 아름답습니다

살아온 연륜의 깊이가 잔잔한 호수와 같고
인고의 날을 거친 몸가짐은 기품이 있습니다
진정한 아름다움이란 세월이 훑고 지난 물결이어서
눈가의 여울진 잔주름이 어찌나 고운지
중년 여인의 무르익은 몸에선 성적 매력까지 풍겨
아름다움 삶 그 자체입니다

여강驪江

여강驪江이 부르는 소리에
한걸음으로 내달려 수백 리 길

산으로 들로는
오월의 향기여! 푸름이여!

강물로 쏟아지는 맑은 햇살
은빛으로 일렁거리는데

강물 따라 꽃은 피고
강물 따라 꽃은 지네

오가던 황포 돛배 어디로 갔나
여강변 조포潮浦나루 고요해라.

어머니의 순대

꾹꾹 눌러야만 내 슬픔이 완성된다는 걸 오래전에 알았다
허기진 그 내장을
이것과 저것, 슬픔과 기쁨을 버무려야 행복이 된다는 걸
알았다

새삼, 세월이 흐르고
8년 만의 순대잔치에
어머니의 손길은 종일 바빴지만
그득한 슬픔은 여전했다

오늘,
어머니는 순순한 마음으로
"잘 드시고 가시게"
어머니의 순대는 참 따뜻했다
나도 착하게 살아
누군가에게 내 내장을 채워
사랑을 나눠주고 싶다

사월이 깊어가는 밤,
어머니의 순대는 내 삶의 반성문이었다

속을 채운다는 것은
그간 속 썩인 것에 대한 속죄이고
나의 즐거운 슬픔이다.

바람꽃

멀리 방파제 너머로 그날의
파도가 밀려오고 있다
숨차다 그늘진 숲에 머물면서
꽃을 피운 그대
밀려난 것은 파도만이 아니다
슬픔이 내게서 떨어지지 않는다
아무도 눈여겨보지 않는 발자국
차마 그대로 남겨둘 수 없어
허공을 쓸어내리는 바람
바람꽃의 저 지난한 몸짓을 보라
상처는 자국이 클수록 환하다
걸어온 길 돌아보지 마라
숨기기거나 소리 내 울지도 마라
그대 떠나고 나면
아플 것 다 아파본 사람들
고통을 씻어 햇볕에 널어두고
다만 귀 기울여 얻으려는 것이니
깊어가는 계절의 맛과 빛깔
새롭게 담아내는 것이려니

가을인가

시원한 바람 불어 좋은 날
들녘 가득 살살이 꽃
하늘하늘 흰 구름 좇고
저만치 다가온 파란 하늘 아래
두 팔 벌려 훠이훠이
참새 떼 쫓는 지푸라기 허수아비

꽃이 피는 가을날
수줍음에 고개 숙인 해바라기
그리움 안고
햇볕에 그을린 검둥개의 긴 하품
빙빙 뱅뱅
고추잠자리 날갯짓은 꽃잎 흔들어
빗장 걸린 사립짝에 붉게 물든 노을빛
아! 가을인가

강 욱 규

경남 함안 출생, 격월간 『문학광장』 시 부문 등단, 계간 『한국문학정신』 2013년 문예비평가 등단, 2003 공인중개사 획득, 2013 한국사인증 획득, 『(주) 플러스코리아 타임즈』에서 시와 칼럼 연재 및 기고, 현 『문학광장』 기자단장

강 진 규

서울 출생, 『시와 시인』 시 부문 등단, 허난설헌 문학상 수상, 한국시인협회 회원, 한국문인협회 회원, 계간 문예종합지 『시선』 기획실장, 도서출판 시선사 편집장, 저서 시집 『내일을 실어 나르는 바람』, 『푸른 마음을 건너는 내 발자국』

김 전

경북 의성 출생, 1986년 『현대시조』 추천 완료, 1992년 계간 『시세계』 시 부문 등단, 2014년 월간 『문학세계』 문학평론 등단, 1993년~현재 한국문인협회·한국시조시인협회·영남시조문학회 회원, 2009년~현재 월간 『문학세계』 및 계간 『시세계』 상임편집위원 및 신인상 심사위원, 2010년 현대시조문학상, 문학세계 문학상 대상 수상, 2012년 제7회 추강시조문학상 수상, 전 옥계중학교장, 현 강북신문사 편집위원장, 저서 『겨울분재』 외 다수

김 종 웅

경남 산청 출생, 2004 『시인정신』 봄 호 황금찬 선생님의 추천으로 시 부문 등단, 2003 『문학21』에 단편소설 「사중주 오케스트라」로 신인상 수상과 함께 소설 부문 등단, 제10회 이육사 문학상 수상, 시섬문인협회 동인, 스토리문인협회 동인, 월간 『모던포엠』 동인, 저서 장편소설 『Six & Nine』

김 흥 님

전남 신안 출생, 『대한문학세계』 시 부문 등단, (사)창작문학예술인협의회 정회원, 창원문인협회 정회원

선중관

서울 출생, 월간 『문학공간』 시 부문 등단, 계간 『창조문학』 수필 등단, (사)한국시인연대 이사, 계간 『말씀과 문학』 운영이사, (사)한국문인협회 회원, 한국크리스천문학가협회 회원, 저서 시집 『삶의 덧셈 뺄셈』, 『그리움도 사랑입니다』, 수필집 『목사와 토종닭』 외 공저 다수

신영학

충남 홍성 출생, 국제펜클럽 회원, 한국문협강서지부 시분과위원장, 문학상 수상 다수, SBS 「생활의 달인」 320회, 설날 특집 수회, MBC 라디오, KBS2 「출발 드림팀」, SBS 「모닝와이드」 등, 저서 『알몸뚱이』, 『하늘 꽃 당신이』, 『홀로와 둘이』, 『향기가 어디 꽃에서만 나랴』, 『바람, 바람 소리』, 『물처럼 구름처럼』, 『마음, 쉬어가는 자리』, 『숨』 외 다수

이기철

부산 출생, 시인, 문화 기획자, 문화 칼럼니스트, 현 인문학 서재 몽돌 관장, 저서 시집 『바람 소리여』, 『쓸쓸한 당신』, 『당신』, 『그리움의 끝』, 칼럼집 『따로국밥』, 시 해설집 『사랑하니깐 울지 마라』

한문석

세종 금남 출생, 중등교원 정년, 시집 『사랑이란 이름으로』, 『눈 오는 날은 네게로』, 『호수』, 『꿈꾸기』, 『들꽃』, 『강은 누워서 흐른다』, 『바람개비』, 『사랑을 나누는 순간은 누구나 행복하다』, 시선집 『바람꽃』, 제6회 대전시인상, 제2회 시와상상 작품상, 제15회 한성기문학상, 제24회 대전광역시문화상(문학 부문), 제6회 청동빛문학상, 현재 계간 『시와경계』 편집자문과 한성기문학상운영위원회 회장 역임

홍대복

강원도 평창군 진부 출생, 한국문인협회 회원, 대한문인협회 경기지회장, 문예지 『대한문학세계』 시 부문 등단, 한국문학 예술인금상 수상, 한국문학 우수작품상 수상, 현대시선문학 시낭송대회 대상 수상, 전국 시인대회 장려상 수상, 순우리말 글짓기대회 장려상 수상, 대한문인협회 시인상 수상, 현대시를 대표하는 특선 시인선 선정, 「명인명시를 찾아서」 인터뷰 출연, 저서 시집 『초련화』

문학愛 동인

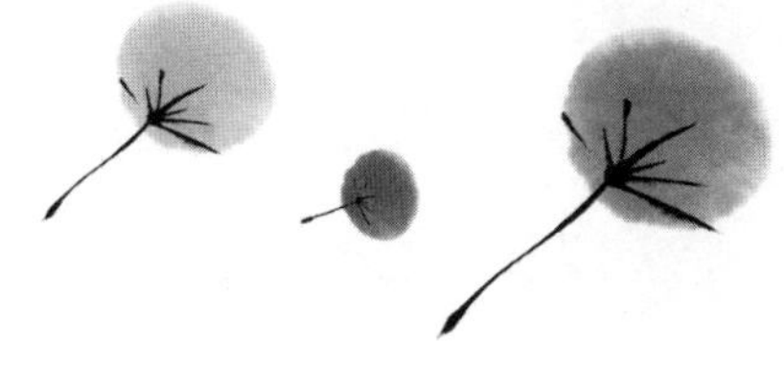

김경숙 · 김영자 · 김은순 · 김해성 · 남광예

신인자 · 엄상우 · 염기식 · 오복석 · 유미영

이정규 · 최은순 · 허성욱

그땐 그랬어

너를 보면
괜스레 가슴이 스산해져
한때는 우리가
얼마나 따뜻한 봄날이었더냐

너와 나
서로의 빈 잔을 채우며
생각 없이 마음을 열어 버렸고
떨리는 어깨를 감싸 안으며
새벽이 오는 게 겁나지 않았어

그러던 어느 날
시샘한 동장군이 지친 고목의 틈새로
무성한 말의 유령들을 데려와
꼬리를 잡고 흔들었어

어제 웃었던 우리는 지워지고
이정표는 바람에 쓰러져
초라한 그림자만 따라다닌다
나를 바라보는 것들은 흩어졌고.

샌드위치

갓 구워 낸
하얀 속살 위에

풋풋하게 차오르는 양상추와
얇게 저민 베이컨

그대의 눈빛 닮은
말랑말랑 치즈 한 장

새콤달콤
붉은 입술 토마토를 얹고

자, 이제 됐죠?
아껴 둔 내 사랑 포갤게요

너의 등 뒤에서

어제는 있다가
오늘은 온다 간다
말없이 먼 길 떠난 사람아
에둘러 눈치챘더라면…

시간 지날수록 거친 숨소리
아직 귓가에 그대로인데
만져지는 너는 없다

신앙 그게 뭐라고
의지하는 기타 하나에
제 육신 썩는 줄 모르고 찬송, 찬송
중언부언 새벽마다 무릎 꿇는 소리

산 자들은 쉽게들 말하지
겨자씨 한 톨 땅에 심겨진 거라고
제 혈육 앞에서도 가벼울까
슬픔이 빠져나오기는 아직 멀기만 한데…

포도

푸른 몸에
달빛 머금고
성숙한 여인의 향기 품내며
보랏빛으로 갈아입는다

따가운 햇볕에
알알이 익어가는 포도송이
속살 오르자
성큼한 소슬바람이 혀를 다신다

기다림에 지쳐
검게 타 버린
듬성듬성 이가 빠진 늙은 포도

영글다 만
애송이 그대로인데
숨어 있는 언저리
갈잎만 속없이 나부낀다

내리사랑

보고 또 봐도 예쁜 사람아
주고 또 줘도 기쁜 사랑아
금지옥엽
진자리 마른자리 살피시며
이승의 길 끝에서
실핏줄 하나 붙드시던 할머니
손주 결혼식 걸림 될까
쉼 없는 고락의 파도에 씻기어
세상 근심 다 소멸시키시고
내리사랑 길 트시며
무명옷 한 벌 걸치시며 저승길
떠나시네

김 경 숙

전남 여수 출생, 『한맥문학』 시 부문 등단, 『아람문학』 수필 부문 우수상 등단, 『아람문학』 수필 분과 위원장, 한국문인협회 및 한맥문학회 회원, 저서 『매일 이별을 하고 산다』

그대와 나였으면 합니다

우리는 살아가면서
인연을 맺으며 살지요

그 수많은 인연 중에
우리는 얼마나
진실 된 만남을 유지하는지요

마음 하나 터놓고 살기란
너무 힘들다는 세상에

찬 없는 식사일지언정
일상의 이야기 나누며

차 한 잔에 미소를 담아
흐르는 음악에 젖어

꽃바람 부는 거리를
손잡고 걸을 수 있는
그대와 나였으면 합니다

세상에 스치는 인연이 아닌
마음을 다독여 줄 수 있는
기쁨도 슬픔도 함께하는

생각이 비슷한
그대와 나였으면 합니다

마음의 바람

바람이더냐

차창 너머에
꽃들
한 잎 두 잎 고운 잎
수놓으면

들뜨는 마음

산들산들 봄바람
불어
꽃바람 되거든

맑은 하늘아
산새야

햇살 한 줌 쥐어
메마른 가슴 활짝 열어
희망의 노래 한 곡조 불러보자

미지의 길

고개 돌릴 수 없는 운명 앞에
가야만 하는 길 알 수 없어
먼 나라 이야기처럼
들려오는 그 길 앞에
꿈이라 말하고 싶어
미지의 그 길에서
담담한 마음으로 걸어갈 수는 없는 걸까
꽃 피는 봄날처럼 청춘의 날
고운 모습 담아서 저 하늘에 눈물을 뿌리면
바람처럼 스쳐갈 수 있을까

외면할 수 없는 길 가야만 하는 길에
고개 숙인 밤 뜬눈으로 하얘지는 맘
사랑하던 순간도 슬픈 그리움 되어 가슴을 쓸어내릴 때
청춘의 날
그 길에서 마음에 편지를 쓴다

어느 날 문득

맑은 하늘 아래
햇살이 너무도 고운 날
내 님이 내밀어 잡은 손
얼굴에 미소 가득
가슴엔
따스함으로 스며들 적에

이런
생각 하나 하였네

자식들 커서 집 밖을 나가면
지금 우리 모습
처음 만나던 날처럼 둘이겠지

어느 날 문득
산책길에
허허
가슴으로 불어오는 바람

아들딸 낳으며

살아오는 동안 힘든 일
기쁜 일 다 겪으면서도

알콩달콩 살리라는
꿈은 내려놓지 못해

인연이라는 이름으로
정이라 부르며
서로 보듬어주며
살아온 길목에서

서산으로 기울어가는 해처럼
등 굽어가는 인생길 엿보았네

어느 날 문득

이별 연습

수많은 시간
아침을 맞이하며
밤을 보내며

순리 따라
흐르는 시간 속에

숱한 이야기
정 하나 사랑 하나
심어 놓으면

언젠가
우린
돌아서야 한다

원하든
원하지 않던

그렇게
운명 앞에 서있다

너와 나
그리움이라 부르며

김 영 자

전북 정읍 출생, 자영업

찔레꽃

찔레꽃 보다가 발견한
별처럼 내려앉은
내 임 닮은 꽃

끝 모를 그리움
흰 눈처럼 녹여냈네

마저 꽃 지기 전
연분홍 꽃잎 말아
오월 길에 임 꽃등이 환하다.

꽃 져도 남은 가시가
가슴에 박힌 별로 서러워라

외섬

봄여름 갈 곳 몰라
지난겨울로 간 외섬

바다에 들어간 그리움
추억을 가져온 날

이미 오래전부터
너와 나는 하나였음을 깨달은 지금

불러줄 이름 앞에서
외로워서 슬픈 것이 아니다

어제 꿈이 밤새
파도를 타 절벽 끝에서 맴돌았기 때문이다

외섬이 좋아하는 새벽 앞에
육지에서 얻은 마음 추슬러 내며
나마저 외섬이 아닌 외섬이 되어
당신이 밟고 가는 거친 모래밭길 본다

오월이 가기 전에

봄볕에 탔고 손은
우리 어머니 장아찌 손 닮았고
뒤란의 감나무
꼭지 떨어진 감에 아버지 설움 깃들은 날

늙은 강은 눈물이 마를 날 없어
젖은 강가로 붉은 노을만 탈 뿐이다

세월아 가는 세월아
몸 늙어지면 찬밥덩이 굴러다니지 않게
오월의 연초록 물을 보시해
늙은 부모 가슴에 붉은 꽃 한 송이 꽂아 주고 싶다

오월이 가기 전에

노을

정든 산 내려오는 길
임 두고 떠나갈 때 바람 세차다

얻을 수 있었던 예쁜 이야기
꺾지 못한 임도 여기 두고 가네

새의 반김 꽃의 환한 웃음도
눌러쓴 슬퍼진 화관의 치장

신발보다 젖은 마음 꽃 멍들었고
산 아래 정으로 외로이 가네

나비 옷 꿈 하나 말없이 진다 해도
사랑 익은 술, 시인 마을 붉어라.

그대가 있어

그대가 있어
먼 가을 어깨를 매만져
"토닥토닥"이며 기대봅니다

가슴 끝에 함초롬히 몰래 피운 꽃 한 송이
풍진 세상 되지 않게
먹먹한 가슴 다듬잇돌로 간 무명사랑

그대를 기다리다
가난한 시인의 사랑 꿈꿔
아직도 우리가 사랑할 날이 많은 것을 알기에
한 송이 국화꽃 그대 가슴에 피우렵니다

김은순

충북 청원 출생, 『대한문학세계』 시 부문 등단, (사)창작문학예술인협의회 정회원, 저서 『동인愛 바람이 분다』, 『명시선집』

김해성

마음

행복을 보관하는 장소가
따로 있다면
그대 마음 슬퍼할 때 꺼내어
위로해 드리고 싶습니다

사랑을 보관하는 장소가
내 마음속에 있다면
당신의 사랑 멀어질 때
그 사랑 꺼내어 당신께 드리고 싶습니다

그리움을 보관하는 장소가
따로 있다면
그대에게 찾아온 그리움
내가 가져가 보관하겠습니다

그대의 마음 내 마음 함께
보관할 수만 있다면
사랑이라는 보관함 만들어
깊이깊이 간직하고 싶습니다

봄비 오는 날

어머님 찾아가던 봄길
파도처럼 밀려오는 먹구름
나를 막아서지만 당신께서 좋아하시던
영산홍 선물 사가지고
봄비 속으로 찾아갑니다

간간이 비추던 햇살도
당신을 그리워하듯이
띄엄띄엄 찾아오고
봉긋하게 솟아오른 봉우리
제비꽃만 반겨줍니다

주름진 손마디,
희고 고왔던 새색시 모습
까맣게 태우시더니
그나마 남았던 하이얀 여백
봄비 내리는 날 삼베모시 칭칭 감고 떠난
당신을 찾아와 그리워합니다

이생에 계실 적 못다 한 자식의 재롱잔치

청솔가지마다 노랫가락 매달아 놓고
석 잔의 술로 위로해 드리니
햇살 따스한 날, 비오는 날 그리우시면
청솔가지마다 매달아둔 술잔을 드시옵소서

당신이라 좋아요

붉게 물드는 석양
당신과 거닐고 싶어 그림자를 밟아보고
갈바람도 불선여정不宣餘情 동행하니
당신이라 좋아요.

만추의 밤 달무리 짓고
내 동공 속 들어와 버렸고.
아스라이 별빛 비추니
당신이라 좋아요

내 삶 속에 들어와 앉아
행복을 요리해 주고,
사랑을 만들어 주고,
그 흔적을 남겨 주신
당신이라서 좋아요

달맞이꽃 향기 피우는 날
그대를 사랑하며
요정처럼 살고 싶어
가을밤 당신을 만나서 좋아요

첫눈 내리는 북한강
당신과 나의 흔적 남겨놓고
긴 겨울밤 애정의 강에서
잠들지 못하는 당신이라 좋아요

너는 내 맘 아니

너는 내 맘 아니
꽃 필 때 찾아온다고 하더니
매화꽃 향기 폴폴 날리는데
너의 소식 어디 숨겼냐

너는 내 맘 아니
봄 소풍 가자고 하더니
통도사 매화꽃 활짝 피었다는데
너는 어디로 숨어들었냐

너는 내 맘 아니
너 보고 싶어 오늘 밤도
매화나무 아래서 너에게
사랑의 향기 바람 편에 부쳤어

너는 내 맘 아니
작년에 봄꽃놀이 가자고 했던 너
지금 여름을 바라보고 있지만
지난봄 소풍 가방 아직도 풀지 않고 있다

봄길

어젯밤 꿈길 다녀왔어요
누군가 부르기에 따라갔더니
봄길이었어요

매화 향기 가득한 그곳에서
난 뵙고 말았네요
예쁘게 화장한
그대
돌담 아래서 사랑의 향기 날리는 모습을

김해성

강원 화천 출생, 공군 군무원 33년 복무 명예퇴직, 한국문인협회 회천지부 회원, 대한적십자사 화천군지부 회원, 바르게살기 화천군지부 회원, 저서『동인愛 바람이 분다』

마음의 꽃길

봄 햇살 머금은
밝은 네 얼굴
그리움 안고 오늘
더 빛났다

봄 향기 머금은
든든한 네 모습
행복 안고 오늘
더욱더 빛났다

그 꽃길에
네가 사는 모습
하루라도 움직임
없을 때

궁금해서
가만 못 있지
흔들고 자꾸
흔들어 대면

금방 씻긴 아기 얼굴로
쏘옥 내밀고는

봄이 오는
소리처럼 하는 말

나를 가만 두세요
이러다 정말로
사랑의 세레나데를
부르면 어떻게
하려고요

그려요?

그대
마음의 꽃길
어디 한번
불러 보실까?

들어 보게

사랑나무

먼 산에도
앞산에도
개울가에도
앞다투어 봄꽃들이
피어난다

내 두 볼을
살짝 건드리고
내 마음에 살포시
너의 눈빛이 느껴지고

콩닥콩닥
설렘 일게 한다

예님이라
불러 주는 너를
내 품에 가득 안고
연인처럼 살면 안 될까

내 마음에도

예쁜 봄꽃이 피어나는데
이젠 나도
너의 사랑을 안아도 될까

이 좋은 봄날에

기다림

뭐하고 있을까
웃음 잃지 말라
해놓고는

날 보고 있을 거야

다가오지도
못하면서
말도 안 하고

그렇다고
머물지도
못하고

날 두고
가는 것도 아닌
너는

처음 본 모습
그대로

그 자리에
서 있구나

누가 내 앞을
가로막고 있으면

먼발치에서
까치발 뜨고
날 보려는
네가 보여

오늘은
꽃바람 타고
꼭 올 거지?

우리들의 공간

해와 달과 별은
하늘의 무늬요
산천초목은
땅의 무늬이니

길을 걷는 자
알고 걸어라
사랑하는 자
그대의 길 밝혀라

늘 지혜와 함께
슬기로움을
같이하고

사력을 다해
그 사람을 돕거라

비바람과
눈보라에
끄떡 않고

큰 파도에
휩쓸리지 말라

꽃 피고
새 울 때처럼
정겹게
사랑하며 살라

공기처럼 소중하게
내 마음처럼
귀하게 대하라

덤으로 살지 말고
최선을
다해 야무진 삶을 살라

그대 일어나
깨어 있으라

화무는 십일홍

생기 돋는
하루 되세요

연 닷새
햇살 없이
구름 끼고 비 오고
바람 쌀쌀 맞고
그랬다

처음 네 모습
피어오를 때
햇빛 담아 예쁘게
찍어 오래 봐야지

으슬 춥다는
큰 눈망울 외면했고
오들거리는 그 모습
담아 놓지 못했다

내 느낌 가는 대로

그냥 담아 놓을 걸
예쁜 맘과 모습만
보려 했다

나의 길 되돌아보고
바들거리는 아픔도
안아 줘야지

바람 불어 떨어지는
너도 참 예쁜데 말야

남광예

충북 청주 출생, 『한국국보문학』 시 부문 등단, (주)일미농수산 부서장 11년 근무 중, 서울시인대학 대외협력이사, 청주사범대학 도서관 열람과장 역임

매화

비 개인 아침
신작로를 따라 걸으면
나도 모르게
달콤함에 취해 발길을 잃어버리고

문득 멈추니
청아한 모습
그대 앞에 서 있다.

네 향기에 취해
한없이 네 주변을 맴돈다.

코끝에 묻어나는
달콤함에
혼미하여 허우적거리고

맑고 깨끗한 모습에
내 마음까지
몽땅 훔쳐 버릴 줄이야…

벌이 윙윙거리고
그 틈 사이로 너를
온통 차지하고픈 마음
산책길 나선 마음이야
어디로 가든지 말든지?

매일 아침 그대 맞이할 생각에
오늘 밤도 설레어 잠 못 들겠네.

사랑

비 개인 오후처럼
맑고 깨끗한 그대 얼굴

향긋한 매화 향처럼
은은하게 다가오는 너

행복이
온몸으로 느껴지는 봄날

사랑 가득한
향기로운 매화꽃 한두 송이

마음 담아
찻잔 속에 띄워드립니다.

여행

떠나고 싶을 땐 떠나자.

가벼운 배낭 하나 메고
카메라 하나 챙겨 들고

발길이 멈춰 서는 곳
그 어디라도 나는 좋아,

가고 싶을 땐 한번 가보자
생각도 버리고

계획하지 않아도
가벼움 하나면 충분히 행복하지.

사랑 그 이름

마음이 가는 걸 어찌 탓하리
내 마음
내가 다스리지 못한 게 죄일까?

그를 따라 이리 가는 마음은
또 무슨 죄?
마음속에
몽땅 그를 심고도
따라가지 못한 게 원통할 뿐이지…

마음 가는 대로
사랑 좇아가면 될 걸
이리 재고 저리 재고
갈팡질팡하다

사랑은 떠나가고
울고불고한들
떠나간 사랑이 다시 돌아올까?
그리움만 하염없이 쌓이네.

망각

나 그대 기억 못 해요.

추억 속 저 먼 곳 함께했던 순간도
희미한 연기 속에 숨어버리고

내가 서있는 지금도
점점 엷게 지워져 가는데

세월이 흐르면 뇌세포가 죽어
나를 망각 상태로 빠뜨리고 말지

정신을 바짝 차리자
망각이 나를 잠식하기 전에….

신인자

전라북도 순창 출생, 48기 『문학광장』 시 부문 등단

비 갠 후

창가 뽀얀 팔랑임으로
아침 햇살 가벼이 오고
미명의 약속처럼
간지럽게 우는 자명종

웅크려 간단없는 뒤척임
파닥여 햇살에 부산한 먼지가
차라리 밝게 웃는데
아침 창가 열며

갈 곳 정하는 삶
문득
오늘을 느끼다

처음의 나중을
분명 알고 있는데
그토록
끄트머리를 고개 돌려 보았나

살아 숨 쉬는 아침으로

영원을 기다리는 뒤척임
하나하나 아침마다
햇살 쌓이고 있네

미명의 약속을 잡고
자명종 간지러운 모습을 바라봄이
내일 아침에 있네

창가
산들한 아침 내음 햇살에 춤추다

제비 꿈

잔잔한 실바람
호수 위
춤추듯 흐르고
뒤따르며
사랑도
곱게
흐르다

소금쟁이
그리움으로
소담스레
밟는
이 밤

호수 한켠
조각배
올리다

마음 흐린 날
반가이

제비 오는데

네게로
내게로

낮게도
오는데

길게
호수에 눕는
그리움은
사랑

제비 지나친
흔적으로
그리움
살포시
내리다

강 건너

강 건너
신기루처럼 추억이
애잔히 밀려오는 물결이
말없이 다가와
고운 삶이 된다

끊임없는 추억 이야기

물빛마다
사연 어린 사랑이 되고
삶이 되고
추억이 되다

마음껏 호흡하는 때
홀연한 신기루처럼
추억이 아쉬움에 머무르면
두 손 모아
사랑을 뜨네

노을 지는 강가에서

물빛 머금은 시선으로

보듬으면

하염없는 물빛 여울은

지켜 사랑이 된다

좋은 생각

생각이 어디론가 간다
마음 골을 떠난 지 한참 뒤
사면초가 된 삶의 황무지를 연다

생각의 굴절
생각의 단절과 차단
욕심과 의도로 막히는 장벽

벽의 아픔이 다하기까지
생각의 유연으로 가리라

생각을 꺾기 위한 생각보다
존중 가운데 다시 생각하는
큰 마음 틀의 무엇을 기다린다

세상의 완벽한 행동을 기다리는가
겸손의 세상을 그리며
물러서 침잠하는
삶을 기대한다

이기는 생각은 없다
양보의 생각으로 사랑이 깃들고
하나 되는 우리가 되자

이김의 생각
어느 일방의 주도적 생각은
새로운 아픔일 뿐이다

나는 그림자로
너는 빛을 보듬는 꽃을 피우라
향기로운 삶의 원천이 되어
나의 그림자를 붙잡는 사랑의 꽃잎을 펼치라

자전거길 풀잎 새

자전거길 풀잎 새로 오네
한가득 계절을 싣고.

들 저 멀리 아련하게
꽃향기로 보이면
풀이 생긋 웃을 건데
풀이 방긋 웃을 건데

어루만지며 다정히
풀이 노래하는 길로
뒤따르마 하신다

세밀한 바람 속삭임은
풀 내음 담아낸 향기
눈 감고 음미하면
그새로 취하다

한가득 마음으로 담아내면
달려오듯 달아나는
향기

님이 오도다
님이 왔도다 강 건너
신기루처럼 추억이
애잔히 밀려오는 물결이
말없이 다가와
고운 삶이 된다

끊임없는 추억 이야기

물빛마다
사연 어린 사랑이 되고
삶이 되고
추억이 되다

마음껏 호흡하는 때
홀연한 신기루처럼
추억이 아쉬움에 머무르면
두 손 모아
사랑을 뜨네

노을 지는 강가에서
물빛 머금은 시선으로
보듬으면
하염없는 물빛 여울은
지켜 사랑이 된다

엄 상 우

경북 점촌 출생, 건국대학교 건축과 졸업, 문예진흥원 문화축매반 수료, 1985~1988 연극 모니터 모임 모둠 서기 회장, 1989~1998 금화그룹 애드케이, 2000~현재 컨설팅 및 자문역, 한국문학작가회 시부문 등단, 저서『동인愛 바람이 분다』

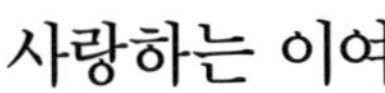

굳이 말하지 않아도
사랑하는 이여
내 가슴에 젖어든
그대 자리가 있음은
이루지 못했기에
더 절절한 그리움

사랑하는 이여
사랑하지 못할 이유가
수없이 많아 힘들겠지만
그대 사랑하는 마음
그대 사랑하는 눈빛
그대 사랑하는 가슴
이것만을 사랑하며
함께하면 되지 않소

장밋빛 사랑이
두렵거든
목련의 설렘도
무궁화의 인내도

함께하며 갈 수 있는데

사랑하는 이여
이 마음 절절함
봄바람으로
봄꽃 향기로
그대 가슴에 담아지길
굵은 마디 접은 손 모아
바람에 실어 전하니

사랑하는 이여
내게로 돌아와
그대는 나에게
나는 그대에게
서로에게 의미를 던지며

한세상 함께
달달한 커피 향을
서로에게 내어주고
함께하면 좋지 않소

오늘도 그대 향한
내 마음 변함이 없거늘
그대는 나를 변했다며
먼 안개 속으로
기억 속으로
흔적만을 남긴 채
그렇게 가고 있다.

오늘도 칼바람 부는
거리에서
따뜻한 가슴 비워두고
그대 오길 기도하며
하루를 살고 있는데

사랑하는 이여

함께하는 하루가 되자

해는 떠서 지고
또 떠서 다시 진다.
삶도 어제를 벗어나려
발버둥 쳐 보지만
오늘도 우리는
어제 속에 표류한다.

어제와 오늘을
따로 구분 지으려
숱한 몸부림을 해대며
하루를 보내 보지만
오늘도 어제 주변에 서성이며
서툰 몸짓을 이어간다.

인생 또한 저 잘난 양
혼자 빨리 가려 해보지만
쉽게 지쳐 허둥댄다.

함께 가야 멀리 갈 수 있다.
함께해야 지치지 않고

멀리 갈 수 있는데

오늘도 우리는 각자의 길에서
제 잘나 우쭐대며
교만한 걸음을 걷는다.
어제가 오늘과 조우치
않으면 단절이듯이
인생 또한 누군가와 동행하며
함께해야 빛이 난다.

겨울 없는 봄은
따뜻함을 모르고
겨울 없는 꽃은 곧 시든다.

오늘도 어제와 조화를 이루며
혼자 아닌 동행으로
함께하는 너와 내가 되어보자.

머물 수 없기에 그리움입니다

그렇게 많은 세월 동안
수많은 흔적 흩뿌리며
바쁘게도 살아왔지만
남아있는 것은
빛바랜 추억과 그리움입니다.

아스라이 곱게 써 내려가던
나의 일기는
세월의 빗장 속에서
빛바랜 모습으로 고잔한 그리움 되어 솟고

가슴을 헤집는 고독도
세월을 맞은 흔적도
곱디곱던 추억도
이제는 희뿌연 안개 되어
머물 자리마저 상실한 채
한 조각 그리움으로 떠돕니다.

영원히 머물 수 없기에
삶을 애착으로 부여안고

부초같이 떠도는 그리움 속에서
숱한 날들을 상념하며
꿋꿋한 척 허둥대며 살았습니다.

이제 머물 수 없기에
나는 빈 의자 하나를 남기고
떠나가렵니다.

긴 회상 속으로
먼 기억 속으로
머물 수 없기에
지독한 그리움 안고
나만의 길을 찾아 떠납니다.

봄이 오는 소리

먼 곳에서 손짓하던
봄소식
바람에 실려
유리창 사이에 걸쳐있다.

좀처럼 숙일 것 같지 않던 한파가 고개 떨구며
봄의 속삭임에 잠이 들고
논두렁 샛길에
파릇한 싹들이
고개 들어 햇살 반긴다.

그늘진 비탈길 얼음
젖어든 봄이 낯선 듯
눈물 흘리면
실개천에 봄은 꿈틀거린다.

여기저기 모아져
아름아름
봄은 시작되고
겨우내 움츠리던 미물들은

기지개 켜며 잠에서 깬다.

가슴 열고 봄 맞으러
나간 들길의
서먹한 바람 한 줌
옷 속 맴돌며 잊힐 즘

먼 산 아지랑이 아롱이며
눈앞에 봄을 엮어 나간다.

친구여

먼 길 돌고 돌아 온 자리
허연 꽃 피우고
내 되고 두덕진 얼굴
검버섯 피어나는 손등
팔자걸음 터벅일지라도

친구여!
이제는 가슴에 묻었던
회한과 세월에 얼룩진
삶의 조각
모두 벗어 던지고
술잔 가득 우정 담아 마시니
모진 바람 끝에 잔잔한 평화

무엇을 얻고 무엇을 누리려
질곡의 삶 돌고 돌아
이제와 마주했나

햇살 한 줌 살아 숨 쉼 감사하며
술잔에 삶을 담아 한 잔 두 잔

기울이다 밤을 새워 취해도

친구여
그대 가슴에 내 가슴에
뜨겁게 끓어오르던
말로 다하지 못한 사연들
그저 바람이 되어 흘러갔지

아득히 먼 듯
길고 긴 세월인 듯
돌고 돌다 다시 온 자리
술 한 잔 나누는 이 자리만 하겠나

술은 못하더라도
그저 너털웃음 웃으며
함께하다 보면
모두 구름인 듯 바람인 듯
비켜간 것 그것이 인생이지

친구여

이제 더 돌아갈 수 없기에
함께하며 여생을 보내자

그저 그냥 털고 내리고 비우고
한바탕 호탕하게 웃으며
친구란 이런 거다 토닥이며

친구여!
저녁노을 찬연함 속으로

염 기 식

충남 논산 출생, 『다온문예』 시 부문 등단, 다온문예 홍보위원장, 시인의바다 정회원, 바다문협 정회원, 문학의 숲 정회원, 카이스트(KAIST) 에너지환경연구센터, 현 (주)블루엠시 대표이사

오복석

빈집의 침묵

자욱한 안개 덮인 기와지붕
감나무 아래 금이 간 담벼락
노인의 한이 앓는 소리 되어
담장을 넘는다

보슬비가 내리던 날
노역으로 굽어진 허리를 붙잡고
객지에서 온 처자식들과
머나먼 곳으로 가버린 노인

기다리다
기왓장 처마 밑 제비는
움츠렸던 날갯짓으로
맴돌다 날아오른다

바람 따라
감나무 이파리들이 나풀거려
내 발길이 머문 담벼락 안에는
무성한 들풀만이 황량한
빈집을 지키고 있었다

못다 한 사랑

어둑해진 밤
쏟아지는 빗물에
와이퍼 요동치는 소리
갈 길을 재촉한다

흐트러진 시야에
겨울잠에서 깨어난 개구리
님 향한 건널목
아스팔트 위 불빛에
새봄 느끼지 못한 채
바퀴에 사라져 가네

오늘따라
못다 이룬 개구리 여운으로
눈물 글썽일 때
하늘도 장대비 되어
서글피 우네

내 마음의 보일러

이른 아침잠을 깨우는 싸늘한 찬 공기
삼십 도가 넘는 낮 공기와는 달리
새벽 공기는 짧은 소매를 낯설게 한다

휭 ~ 하는 소리로 일어나야 할
네가 침묵을 지켜
청진기를 들이대 본다
십여 년 동고동락하면서 힘들다는
한마디 없었는데
이제는 잠들고 싶은 거니

봄기운 시들어 갈 때
보리때 보구 이야기 하자꾸나

살다보니

아이들이 삽으로 뱀을 앙갚음한다
절개된 토막들이 모래에 나뒹구는데,
나를 응시하는 고양이 한 마리
심사 뒤틀리면 솥단지에 뱀을
갖다 놓는다는 속설이 있으니,
그르릉 그르릉 하는 저 고양이
악용을 쓴다는 개장수에게 줘야겠다
햇볕이 뜨거웠던 날
부대자루에서 발버둥 치는 그 녀석
몸을 맡긴 거 보니 무던히도 나를
따랐던 것이다
멍울이 가득한 어둠 속에서
울부짖던 고양이가 그리워지는 건
튕기고 튕겨 길가에 있는 차돌처럼
내가 가여워, 고양이 되는 날이었다.

머물다 가거라

햇빛 드리워진 창가
덕지덕지 붙어 있는 작은 점들의 하루살이는
바람벽인 창문으로 빛을 느끼려 했던 거
세찬 비바람보다 더 철통 문에
체액의 열망이 유리창에 뭉뚱그려지고
거죽은 응고가 됐다.
빛에 스며들려는 충동
빛과 하나 되려는 충동
생명에 대한 존귀함으로
생과 사의 갈림길에서 자유로운 영혼 되어
쉼터인 유리창에 머물다 가거라

오 복 석

전남 해남 출생, 자영업, 월간『문학세계』시 부문 등단, 저서『동인愛 바람이 분다』

일상

이른 새벽
위층 선생님 댁 베란다에서 세탁기 돌아가는
소리가 들린다.
자리에서 일어나 짙은 코발트빛으로
밝아오는 창문을 열고 새로운 날을 맞이한다.

부엌으로 가서 쌀을 꺼내 가족들이
깨지 않도록 조용히 쌀을 씻는다.
압력밥솥에서 "칙칙칙" 소리를 내며 아침밥이
되는 동안 뚝배기에서 된장찌개가 끓고 있다.

아침 준비를 하는 동안에 사람들은 바쁘게
복도를 오고 갔다.
매일 반복되는 일상이지만, 아침에 뜨는 태양이
같다고 오늘이 어제와 같을 수는 없다.

시계를 보니 녀석들 깨울 시간이 되었다.
상앗빛 커튼을 열자 딸아이가 눈을 떴다가 다시
꼭 감고 이불을 당겨 머리끝까지 올린다.
창문을 열자 진한 아카시아 꽃향기가 바람과 함께
방 안으로 따라 들어온다.

밤하늘의 별

하얀 달빛이 고운 밤
그대가 보고 싶어
다시 흔들리는 마음에
두 눈 꼭 감아도

별처럼 쏟아지는
그리움은
이내 가슴에서
파도처럼 일렁인다.

긴 밤
살랑살랑 부는 밤바람은
창문을 기웃거리고

고운 달빛이
내 창가에 머무르니
밤하늘의 별
하나, 둘, 비처럼 내려온다.

추억

비가 그치고 난 후
큰어머니께서 밭에 씨앗을 심고
큰아버지와 삼촌은 논에 모심는다.
동네 영식이 오빠와 용수 아저씨도 오셨다

나는 논 앞 둑에서
강아지랑 뛰어다니고 큰아버지께서
앞줄에서 세 줄씩 심어 나가고 어른들은
모 섶을 가볍게 던지듯 심어 나왔다.

삼촌이 손가락이 얼얼하다고 엄살을
피우자 어른들은 장난치듯 손바람만 낸다
올 농사는 다 망친 것 같다고 영식이 오빠가
말하자 어른들이 허리를 펴고 웃으신다.

여름 방학 때 다시 찾은 큰아버지 댁
큰아버지를 따라서 논 앞 둑에 서서 둘러본다
어른들이 심은 모는 파릇파릇 하늘로 솟아
바람에 살랑이며 잘 자라고 있다.

추석이 되자 배를 타고 임진강을 건너와
온 가족이 큰집에 모였다.
논 한쪽에 발로 누르며 돌리는 탈곡기를 놓고
어른들은 벼 베기를 하시고
큰아버지와 나는 사촌 형제들과 탈곡기를 돌리고
내 동생들은 먼지 나는 논바닥을
신이 나서 뛰어다녔다.

그 시절이 그립습니다

한여름 밤
마을 뒷산에 오르면
동네 아낙들이 계집아이들 데리고 모여
하얀 달빛을 받으며 개울물에 땀을 식힌다.
맑은 개울물이 흐르는 작은 마을에 살던
아이들은 행복했습니다.

마당이 넓은 우리 집 앞마당에
동네 꼬마들이 모여 구슬치기랑
딱지치기하며 싸우던 개구쟁이 녀석들…
옹기종기 모여 앉아서 공기놀이하던
소꿉친구들이 그리운 밤입니다.

정월 대보름날 밤이면
어른들께서 멍석을 깔아 놓으시고
우리는 널빤지 들고 넓은 마당에 모여
널뛰기하다 넘어지는 동생들 잡아주며
밤이 늦도록 까르르 웃던 내 친구들은
이 밤 무엇을 하고 있는지…

소나기 쏟아지던 한 여름날
개구리 잡으러 논두렁에 몰려다니고
고무줄놀이, 술래잡기놀이에 정신이 없던 시절
뛰어다니다 넘어져 무릎에 상처가 생겨도
아픈 것도 모르고 웃던 그 시절

지금도 밖에서 들려오는 것 같습니다.
"얘들아, 내가 술래니까. 빨리 숨어."
그리고 잠시 후 들려오는 소리
"꼭꼭 숨어라 머리카락 보일라."
밤이 늦도록 들릴지도 모르겠습니다.

사랑하는 사람아

오랫동안
봄비 내리는 창밖에
당신은 말없이 웃고 서 있습니다.
어둡고 차가운 밤거리에

내 가슴이 먹먹해져
당신에게 가까이 가고 싶은데
창밖에 서 있는 당신은 오지 말라 합니다

아, 사랑하는 사람아
내 눈에 가득 찬 눈물 때문에
창밖에 당신 모습이 보이지 않습니다

조용히 내리는 봄비 소리에 맞춰
당신이 속삭여 줍니다.
이제는 다 잊어버리고
가슴에 묻어 두고 살아달라 합니다.

사랑하는 사람아
하얀 꽃비가 내린 계절에

당신이 떠난 것처럼

다시 당신을 내 가슴에 담습니다.

영원히⋯.

유미영

서울 강서 출생, 한국 카스 연합회 전북지부 대표, 『시사문단』 시 부문 등단, (사)자유문학세대 수필 부문 「메밀꽃 필 무렵」 외 1편 금상 수상, 저서 『동인愛 바람이 분다』

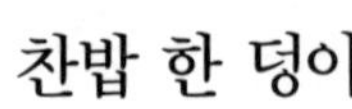

새하얀 눈송이 머리에 이셨는가
새하얀 꽃송이 머리에 이셨는가

휘어진 괭이처럼 굽이치는 허리
계곡물 흐르듯
깊게 패인 구름 사이로 땀방울 흘러
인고의 세월은
밭고랑을 만들었구나

막걸리 한 사발에
너털웃음 짓고
긴 수염 허공에 휘날리며
춤을 추네
된장 한 종지에 땡초[1] 몇 개
찬밥 한 덩이
논가 가장자리 돌상 받으니
그 무엇이 부러울쏘냐

허허허
내가 세상을 품었노라

흘러간 구름 따라
논엔 이름 모를 들풀이 춤을 추고
돌상 위 푸른 이끼만이
세월을 얘기하는구나

1) 아주 매운 고추(청양고추)를 뜻하는 경상도 사투리

나의 사랑꽃

뭉게구름 타고 가는 여행길
이슬처럼 해맑은 미소
새하얀 치아 드러내 보이며
포근한 봄 햇살처럼
살며시 다가와
내 마음에 앉았던 너

풋풋한 초록 내음
가득 풍겨올 때
다가서면 엉거주춤 물러서던 그대
이제 한 마리 잉꼬 되어
떨어질 수 없는 꽃과 벌

목마름에 시들고
거센 폭풍우에 쓰러져
아름답던 꽃잎이 지고
세월의 진창 고사목이 되어도

천년을 하루같이
가슴 저미는 사랑으로

품에 안고
그대 사랑 노래 부르리

흙으로

깊은 숲 종달새
세월을 잊었는가
슬피 우는 그 목소리
봄비에 한 몸 되고
짝 잃은 외기러기
홀로 앉아 장단 맞추니

벼랑 끝 외줄 타는
소나무 한 그루
북풍 찬바람 견뎌 왔건만
끝없는 눈물 속 해풍에 밀려
이별 시간 다가오고
허리 굽어 휘어진 몸뚱이
주름 한번 펴보지 못한 채

내 님 기다리며 흘러온 세월
한 줌 흙으로 재회할까
큰 바위 친구 강철 손 자랑했건만
많은 눈물 속 힘이 빠졌네

서러버라
서러버라
언제 다시 볼까나

그리움

깊어가는 밤
밤인가 했더니
살며시 새벽을 알리는
청소차
달그락 달그락
그녀를 향한 그리움
밤보다 깊었는지
툭
새벽을 알리는
오토바이 사라지고
그녀를 그리워하고
사랑하기엔
이 밤이
너무 짧은 것인가
그리움은
너를 찾아
내 일생을 송두리째
블랙홀 속으로
밀어 넣는다

호롱불 추억

자그마한 텃밭
흙에서 잠시 멈칫한다
꿈틀대는 지렁이
가냘픈 몸매로 바둥거린다
흠칫 놀라 허공을 주시하고
어슴푸레한 밤
집으로 향하는 발걸음 무겁다

막걸리 한 사발 목 축이니
저녁노을 짙어지고
밤이 익어가는 초가집
희미한 호롱불 아래 둘러앉아
도란도란 얘기하던 가족들 모습
어머니의 가냘픈 어깨가 아른거린다

다 해어진 양말 뒤꿈치
헝겊 덧대어 바느질하며
우렁각시 얘기해주던
봄 향기 그윽하던 밤
사무친 그리움이

뜨거운 이슬로 볼을 탄다

이 밤 별도 없다
달도 숨었다
그 많던 반딧불이도 숨었다

슬픔은 내 심장에 차고
목만 타들어 간다
고독만이
내 가슴에 머문다

이정규

경남 함양 출생, 아호 청민, 『대한문학세계』 시 부문 등단, 창작문학예술인협의회 정회원, 서울유통 대표, 그린스토아 대표, 저서 『동인愛 바람이 분다』

그날도 비바람이 불었지

비바람 몹시 불었지 빗물이 먹구름 몰고 와
소나무의 뿌리는 독수리 발톱 되듯 땅 휘어잡았지
옹기종기 흩어졌던 산속의 정기 빛의 여운이
꼬불꼬불 물길 벗어나지 않은 둑 쌓았지
흙탕물은 시냇물 따라 부식물 남기고
투명한 물줄기만 강으로 갔지

수풀 사이로 물고기 지느러미 요염함에
바늘의 묶인 지렁이 비비 꼬며 물속에서 염탐하고 있지
물고기 낚는 순간 지렁이의 염탐은 끝났었지
멈추는 건 그것뿐만은 아니지

핫팩처럼 식어버린 그해 겨울도 비바람 불었지
소나무 아래 벤치에서 우산이 빗물 그치기 바랬지
따스했던 손 차가워질 때까지는 몰랐지

그 떠난 자리 삭정이 된 소나무만이 멍울 달래주었지
흘러내린 눈물 옷깃의 스며들어 바람이 휘날린 날
그날도 비바람 몹시 불었지,

바다만이 안다

물결 춤을 춘다 비바람 몰아칠 때
숨 내쉬다 바람이 짠 내음으로
몰고 온 배 한 척과 한 몸 되어 가고 있다

눈보라의 여린 아이 소쿠리 조개가 숨 내쉰다
홍당무 된 그윽한 눈빛의 갈매기 날아오른다

돌밭의 누워 있다
바다가 데리고 온 마네킹 여인의 영혼이
바다 속에서 잠자고 있다
비바람 몰아칠 때 토하듯 말하려 한다

바다만이 안다,

손가락

손톱 아래 낀 옹이는 감각 무디고
톡톡 소리 나는 자판 위 너의 힘없는
놀림 본다
오므렸다 폈다 노고의 세월 마디 쑤신다
너로 인해 순탄대로 터전 얻고
아이들 포용하였으나
되돌아보면 깊이 패인 주름뿐이다
세제 거품으로 또다시 거친 늪은
굴곡 마디마다 속내 보이는 한 겹 벗겨진
양파와 같으니 어찌 좋겠냐마는
손길마다 광채의 빛이
유리창 햇살 되어
따스해진 내 입술
너에게로 가고 있다.

한곳 바라보고 서 있으리

눈 감으면 적막이 맴돌아
눈물 더해지면
눈물 바다는 모래성 휩쓸어
하얀 살갖 조개 빛 잃으면
모래 진한 여운 날린다
찬바람 머리카락 휘날려
가슴 밖으로 가버린 인연

코는 짠 내음을, 눈은 여운의 산으로
숨 들이마실 수도 눈 뜰 수 없다
따스한 햇살 모래 빛깔 담아
하얀 살갖 조개 안으면
내면 빛 피어올라
우뚝 선 등대 세상 밝힐 때
한곳 바라보고 서 있으리,

멈춰 있는 것들

동그라미의 짙은 선 긋고
모래성 쌓았더니
춤추듯 개미들 운전시험 s자 곡선 그려
내 바짓가랑이 끝선 주저앉힌다
질주하는 비행기 여운의 길 바람이
철새들 몰고 와 뭉게구름 멈춘 바닥엔
하수 구멍 악취가
스멀스멀 피어오르면 새들의 홍얼거림,
나무들, 꽃들은 향 내음으로 하수구
깨우려 한다.

최은순

고흥 출생, 자영업, 월간 『문학세계』 시 부문 등단, 저서 『동인愛 바람이 분다』, 『누구에게나 처음은 있다』

할미새야

꼬리 흔들며 재빨리 날아와
할미 집 울타리 나뭇가지에 앉아 지저귀는
까불이 할미새 할미께 아침 인사를 하네!
할미새야,
할미가 어쩌면 잡을까 잡힐까
잡아서 혼쭐내주어 그만 까불면 어떠랴
가끔,
개울가 작은 샘물에 빨래할 때
할미 어깨에 앉아 까불며 놀던
까불이 할미새가 바로 너였군. 나!

할미새야,
겨우내 묵은 몸
연못에 들어가 텀벙 목욕 좀 해보렴.
어느새 봄바람 아지랑이 너울너울 춤추니
까불이 할미새는 봄놀이 봄 세상
뒷동산 할미 무덤 옆
고개 숙여 핀 할미꽃 보았느냐!
할미꽃이랑 할미새 너랑 너무나 닮아
가끔,

할미는 할미새 네가 앉아 있는 듯
놀라기도 했단다

오늘 할미새 네가 여린 가지에 앉아
가지가 휘어 꺾어지면 다칠까
할미 마음도 편하지 않지요
할미새야,
할미는 매년 봄 오면 네가
할미 곁에 빨리 와
놀아주면 좋겠다
할미 더 늙기 전 할미랑 꼭 놀아주렴.

만선의 뱃고동 소리

등대지기 작은 불빛
파도의 싸움 풍광의 뱃고동 소리
나지막이 들리니 똑딱똑딱 파도에 밀려
사라지는 갈매기 소리

뱃사공 갈 길 잃을까
뱃길 찾아줄 등대 불빛 저 멀리
만선의 기쁨 두 손 흔들어줄
기다리는 사랑만큼

컴컴한 밤 뱃고동 소리
오늘도 크게 울리니 물결 위 작은 등대
가까이 보이니 만선의 불빛 밝히는
가족 사랑 뒤엉켜 얼싸안네.

빈자리

빈자리에 찬바람 일 듯
휑하니 한쪽 몸 시려
흰 눈 눈부시게 빛나듯
환한 눈꽃송이 펄펄

함께하던 옛사랑
한쪽 머물러 바쁜 손 뿌리쳐
채워 놓지 못한 빈자리
그대 찾아 채워 놓으려 할 때

노란빛 양지쪽 아침
떠오르는 입맞춤
환희의 옛 향 그대 찾아
빈자리 채워줄 내 자리

이런 날

흐릿한 먹구름 사이
하늘이 가까이 와 닿는다
촉촉이 이마에 닿는 이슬비

비릿한 산 내음 흙냄새
나 홀로 작은 두 손바닥에 넣어
한 그루의 나무 기둥에 나 비를 피한다

덩그렁히 누워있는 나뭇가지
세월이 많이 흘렀는지
손대니 푹 썩어 주저앉는다

비닐 우비에 떨어지는 빗소리
흐트러진 낙엽 발길 옮기니
흐르는 계곡물 따라 떠나는 여행… 이런 날

봄 냉이

곳등엔 봄바람
양지바른 텃밭엔 봄 냉이
담장엔 꽃망울 터질세라

봄바람 옷깃에 날리는
치맛바람 팔랑팔랑 아지랑이 잡힐 듯
아가씨, 콧노래 홍얼홍얼 어깨춤

우리 집 할머니 뒤뜰 안 장독대
된장 퍼 봄 냉이에 된장국
온 집 안 봄 냄새 풍기네요!

허성욱

경기 용인 출생, 2007 한국문학정신문예대학 백일장 장원, 2009『한국문학정신』시 부문 등단, 2009 한국문학정신 시화전&시화경시대회 은상, 2012 HVB-TV 방송 문학상 수상, 2013 문화연구포럼 선진문화상 수상, 2014『펜타임즈』신문 신한국인상, 2014 한국문학정신 신지식인상, 한국문학정신 아카데미 회원, 한국문학정신 시분과 회원, 한국문학정신문인협회 정회원, 들뫼문학 동인, 저서 산문집『아다거』, 시집『짝귀』

「이 도서의 국립중앙도서관 출판예정도서목록(CIP)은 서지정보유통지원시스템 홈페이지(http://seoji.nl.go.kr)와 국가자료공동목록시스템(http://www.nl.go.kr/kolisnet)에서 이용하실 수 있습니다.
(CIP제어번호: CIP2015017493)」

초판 1쇄 발행 2015년 7월 6일

지은이 문학愛 회원 **펴낸이** 임정일
편 집 이소지 **디자인** 양동빈

펴낸곳 책나무출판사
출판신고 2004년 4월 22일(제318-00034)

주소 서울시 영등포구 신길3동 325-70 3F
전화 02-338-1228 **팩스** 0505-866-8254
홈페이지 www.booktree.info

ISBN 978-89-6339-444-2 03810